LAS MATEMÁTICAS EN NUESTRO MUNDO

MULTIPLICAR
PARA PLANEAR UNA FIESTA

Por Linda Bussell

Consultora de lectura: Susan Nations, M.Ed.,
autora, consultora de alfabetización/consultora de desarrollo de la lectura

Consultora de matemáticas: Rhea Stewart, M.A.,
especialista en recursos curriculares de matemáticas

Gareth Stevens
PUBLISHING

Please visit our web site at www.garethstevens.com
For a free color catalog describing our list of high-quality books, call 1-800-542-2595 (USA) or 1-800-387-3178 (Canada). Our fax: 1-877-542-2596

Library of Congress Cataloging-in-Publication Data

Bussell, Linda.
[Multiply to make party plans. Spanish]
Multiplicar para planear una fiesta / por Linda Bussell ;
consultora de lectura: Susan Nations ; consultora de matemáticas, Rhea Stewart.
p. cm. — (Las matemáticas en nuestro mundo. Nivel 3)
Includes bibliographical references and index.
ISBN-10: 0-8368-9293-3 — ISBN-13: 978-0-8368-9293-2 (lib. bdg.)
ISBN-10: 0-8368-9392-1 — ISBN-13: 978-0-8368-9392-2 (softcover)
1. Multiplication—Juvenile literature. I. Title.
QA115.B8818 2008
513.2'13—dc22 2008016882

This edition first published in 2009 by
Gareth Stevens Publishing
111 East 14th Street, Suite 349
New York, NY 10003

Creative Director: Lisa Donovan
Designer: Amelia Favazza, *Studio Montage*
Copy Editor: Susan Labella
Photo Researcher: Kim Babbitt

Spanish edition produced by A+ Media, Inc.
Editorial Director: Julio Abreu
Chief Translator: Luis Albores
Production Designer: Phillip Gill

Photo Credits: cover, title page: Digital Vision/Getty Images; pp. 4–5, 10, 14, 15, 20–21: Russell Pickering; p. 6, 7, 8, 13, 16: Hemera Technologies; p. 11: Photodisc; p. 17: Bill Aron/Photo Edit, p. 19: BananaStock

Printed in the United States

1 2 3 4 5 6 7 8 9 10 09 08

Contenido

Las palabras que aparecen en el glosario están impresas en **negritas** la primera vez que se usan en el texto.

Capítulo 1

Multiplicación de sándwiches

¡Los estudiantes del club de coro están muy entusiasmados! Sus profesores acaban de darles una buena noticia. El señor Sánchez y la señorita Anderson dijeron que van a tener una fiesta. El señor Sánchez dice que los estudiantes van a preparar la fiesta. Los padres van a ayudar.

La señorita Anderson les pregunta qué tipo de fiesta quieren. Los estudiantes eligen un picnic. Lo harán en un parque. Van a hacer decoraciones. Tendrán comida y juegos. Será divertido. Los estudiantes van a tener decoraciones en la fiesta.

Los estudiantes decorarán para la fiesta.

El señor Sánchez necesita ayudantes. Un grupo se encargará de la comida y los juegos para la fiesta. Otro grupo se encargará de hacer las decoraciones. Otros estudiantes trabajarán en la fiesta, y otros más, ayudarán a limpiar.

El señor Sánchez quiere que los estudiantes que van a ayudar apunten sus nombres en una lista. Pone una hoja sobre una mesa. Muchos estudiantes se apuntan. Seis de ellos se apuntan para ayudar con la comida.

La señorita Anderson dice que hay que hacer planes para 36 personas. Habrá 30 estudiantes y 6 adultos.

Mike y Kayla van a ayudar con la comida. Quieren hacer sándwiches. El sándwich de pavo es el preferido de Mike. El sándwich de queso es el preferido de Kayla. Deciden hacer esas dos clases de sándwiches. Pero, ¿cuántos van a necesitar de cada uno?

Para saberlo, hacen una votación. Cada uno de los 30 miembros del club debe votar por una clase de sándwich. Incluyendo a Mike, 20 estudiantes quieren sándwiches de pavo. El resto, incluyendo a Kayla, quieren sándwiches de queso.

Kayla resta.

30 – 20 = 10

Hay 30 estudiantes en el club. Kayla sabe que 20 estudiantes quieren sándwiches de pavo. Calcula que 10 estudiantes quieren sándwiches de queso. Dice que el doble de los estudiantes prefiere los sándwiches de pavo a los de queso.

El señor Sánchez dice que planeen lo mismo para los adultos. Hay 6 adultos. Para ellos, deben preparar 4 sándwiches de pavo y 2 de queso.

Ahora, Kayla y Mike pueden hacer la lista de lo que tienen que comprar.

Sándwiches

	Pavo	Queso
Estudiantes	20	10
Adultos	+ 4	+ 2
Total	24	12

Kayla y Mike le piden ayuda a la mamá de Mike. Deben calcular la cantidad de comida que tienen que comprar. Necesitan lo suficiente para hacer 24 sándwiches de pavo y 12 sándwiches de queso.

La mamá de Mike puede comprar el pavo en paquetes de 10 **porciones**. Mike y Kayla **multiplican**. Pueden hacer 24 sándwiches con 3 paquetes. Les van a sobrar 6 porciones.

Con paquetes de 8 porciones, también necesitarían 3 paquetes, pero no les quedarían porciones de sobra. Con paquetes de 12 porciones, solo tendrían que comprar 2 paquetes.

3 paquetes de 10 porciones	**3 x 10 = 30**	**6 porciones de sobra**
3 paquetes de 8 porciones	**3 x 8 = 24**	**0 porciones de sobra**
2 paquetes de 12 porciones	**2 x 12 = 24**	**0 porciones de sobra**

Los panecillos vienen generalmente en paquetes de 8. La mamá de Mike dice que con 3 paquetes pueden hacer 24 sándwiches. Si encuentran panecillos en paquetes de 12, solo necesitarán 2 paquetes.

Ya saben cuánta comida comprar para hacer 24 sándwiches de pavo. Mike agrega esta información a su lista de compras.

Después, Mike y Kayla calculan cuánto queso y pan en rebanadas necesitan comprar.

24 sándwiches de pavo por hacer

Pavo		
3 paquetes de 10 porciones	3 × 10 = 30	6 de sobra
3 paquetes de 8 porciones	3 × 8 = 24	0 de sobra
2 paquetes de 12 porciones	2 × 12 = 24	0 de sobra
Panecillos		
3 paquetes de 8 porciones	3 × 8 = 24	0 de sobra
2 paquetes de 12 porciones	2 × 12 = 24	0 de sobra

La mamá de Mike hace sándwiches para comer de merienda.

Mike y Kayla tienen que preparar 12 sándwiches de queso. Mike dice que él pone 2 rebanadas de queso en un sándwich. Van a necesitar 24 rebanadas de queso.

12 x 2 = 24

El queso viene en paquetes de 10 rebanadas. Van a necesitar 3 paquetes. Tres paquetes traen 30 rebanadas en total.

3 x 10 = 30

Les van a sobrar 6 rebanadas de queso.

30 – 24 = 6

La madre de Mike hace sándwiches para un refrigerio.

Kayla y Mike tienen hambre. La mamá de Mike les hace sándwiches.

Kayla lee la etiqueta del pan. Un **pan de molde** tiene 15 rebanadas. Van a necesitar 2 moldes. Les van a sobrar 6 rebanadas de pan.

Tendrán suficiente para hacer 3 sándwiches de queso adicionales. Mike está de acuerdo. Algunas personas se pueden comer más de un sándwich.

Pan:
2 panes de molde de
15 rebanadas
15 + 15 = 30   6 de sobra

Queso:
3 paquetes de 10 porciones
3 x 10 = 30   6 de sobra

Mike termina la lista de las compras. Están listos para ir a la tienda.

Lista de compras

Pavo:

2 paquetes de 12 porciones (24 porciones)

o

3 paquetes de 8 porciones (24 porciones)

o

3 paquetes de 10 porciones (30 porciones)

Panecillos:

2 paquetes de 12 porciones (24 porciones)

o

3 paquetes de 8 porciones (24 porciones)

Queso:

3 paquetes de queso (30 rebanadas)

Pan:

2 panes de molde (30 rebanadas)

Capítulo 2

Para hacer una ensalada

María y Claire también van a ayudar con la comida para el picnic. Quieren hacer una ensalada. María dice que su familia tiene una receta para una ensalada de frutas muy buena. A todos les encanta. Su papá va a ayudarlas a hacer la ensalada.

María y Claire van a la cocina. María encuentra la receta para la ensalada de frutas. Lleva fresas, plátanos, naranjas, manzanas y uvas. Claire dice que ¡la ensalada parece muy buena!

Ensalada de frutas (4 porciones)

1 manzana
1 plátano
1 naranja
6 fresas
8 uvas

Lava la fruta.
Pide a un adulto que corte el plátano, la manzana, la naranja y las fresas. Pon todo en una fuente. Agrega las uvas. Mezcla con una cuchara. Refrigera.

Claire y María necesitan 36 porciones de ensalada para la fiesta. La receta de María es sólo para 4 porciones.

Claire dice que deben multiplicar todos los ingredientes de la receta por 9. Así tendrán suficiente ensalada de frutas.

9 x **4** = **36**

Claire y María leen la receta juntas. Multiplican cada ingrediente por 9. Claire hace la lista de los ingredientes que necesitan. El papá de María las va a llevar a la tienda.

Lista de compras

9 manzanas

9 plátanos

9 naranjas

54 fresas

72 uvas

Claire y María usan la receta para hacer una lista de lo que deben comprar.

Capítulo 3

Quitar la sed

Carlos piensa que deben tener suficiente agua para todos.

Jacob y Carlos también ayudan a planear la fiesta. Ellos están a cargo de las bebidas.

Jacob dice que deben comprar 2 bebidas para cada persona. Va a hacer calor. Las personas van a jugar. Todos van a tener sed.

Carlos piensa que deben comprar agua. Tal vez deban comprar jugo también. Carlos y Jacob deciden comprar jugo y agua. Van a comprar agua de más. De esa manera, no les harán falta bebidas.

Carlos cree que deben tener suficiente agua para todos.

En la tienda venden jugos en paquetes de seis. Carlos y Jacob van a comprar 6 paquetes de seis.

6 x 6 = 36

También venden **cajas** de agua. En cada caja hay 24 botellas. Van a comprar 2 cajas.

24 + 24 = 48

Carlos dice que con 2 cajas tendrán 12 botellas de agua adicionales.

48 – 36 = 12

Tendrán suficiente para beber.

La comida para el picnic ya está lista. Servirán sándwiches, ensalada y bebidas.

Lista de compras

6 paquetes de seis jugos (36 porciones)

2 cajas de agua (48 porciones)

Capítulo 4

¡El día de la fiesta!

¡Ya llegó el día del picnic! Todos trabajaron mucho para planear y preparar la fiesta. El equipo de decoración hizo carteles de colores brillantes. También decoraron las mesas. El equipo de actividades preparó muchos juegos.

El clima está perfecto. Hace sol y está templado. Todos disfrutan los juegos. Juegan mucho. Pronto, a todos les da sed. Jacob y Carlos les ofrecen agua, que tienen en una nevera portátil.

Finalmente, llega la hora de comer. Todo está listo para el picnic.

Kayla y Mike ayudan a los padres a servir los sándwiches. Claire y María sirven la ensalada de frutas en los platos. Jacob y Carlos sirven las bebidas.

Las personas hablan y se ríen. Hay cantidades de comida. Todos se divierten mucho.

Ya es hora de limpiar. El señor Sánchez agradece la ayuda de todos. La señorita Anderson dice que gracias a su preparación el picnic fue muy divertido. Los estudiantes sonríen. ¡Son geniales para planear fiestas!

Todo está listo para el día de campo.

¿Qué aprendiste?

1. Hay 8 rebanadas de queso en un paquete. Jim invita a 3 amigos a almorzar. Jim y sus amigos quieren 2 rebanadas de queso cada uno en sus sándwiches. ¿Cuántas rebanadas van a necesitar?

2. Los panecillos vienen en paquetes de 8. La madre de Tom compró 2 paquetes. ¿Cuántos puede servir?

Usa una hoja de papel separada.

Glosario

x (signo de la multiplicación): símbolo que aparece entre dos números para mostrar que el primer número debe multiplicarse por el segundo número
Ejemplo: 2 x 3 = 6

caja: un contendor de cosas similares empaquetadas juntas, como una caja de botellas de agua

multiplicar: sumar a un número el mismo número una o más veces

pan de molde: pan u otro alimento que se hornea en un trozo y luego se corta en trozos más pequeños

porción: una cantidad de alimento para una persona

Índice

Nota acerca de la autora

Linda Bussell ha escrito y diseñado libros, materias educativas suplementarias y programas de software para niños y jóvenes. Ella vive con su familia en San Diego, California.